Build It!

Make Supercool Models with Your Favorite LEGO® Parts

CHRISTMAS

Jennifer Kemmeter

GRAPHIC ARTS
BOOKS®

Contents

Winter with Friends

52
Snowman

55
Streetlight and Mailbox

57
Mail Sled

59
Standing Dog

61
Bobsled

64
Market Stall

The Night Before Christmas

70
Small Christmas Tree

75
Fireplace with Stockings

78
Chair and Snacks

73
Toys Under the Tree

81
Sleeping Dog

How to Use This Book

Build a Sleigh

What you will be building.

A photo of what your finished Sleigh will look like.

An illustration of the finished Sleigh that looks like the pictures in the steps.

All the pieces you will need to build the model are listed at the beginning of each of the instructions.

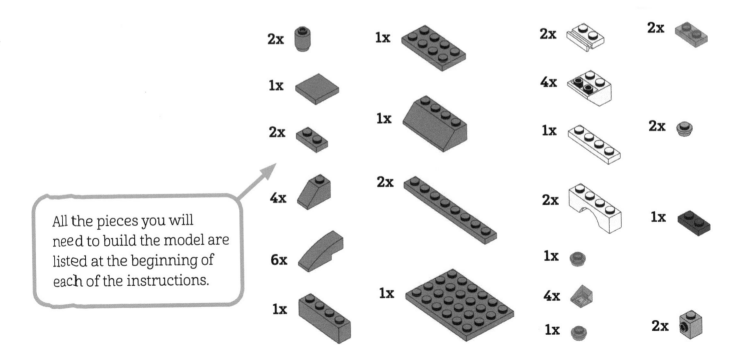

2x   1x   2x   2x

1x   4x

2x   1x   1x   2x

4x   2x   2x

6x   1x   1x

1x   1x   4x   2x

Which step you are on.

A picture of each piece you will need.

How many of each piece you will need.

4

2x 1x

5

1x 1x 2x

Arrows to help you finish each step.

A picture showing where to place the pieces to complete each step. Just follow the arrows!

Santa's Workshop

Elf

Toy
Machine

Sleigh

Reindeer

Christmas
Tree

Toy Gifts

Build an Elf

1x

2x

2x

1x

2x

2x

2x

1x

1x

1x

1x

1x

2x

1x

1x

1x

1x

2x

2x

1x

1x

1x

1x

1

 2x

 2x

2x

2

1x 1x 1x

3

2x 1x 2x

4

1x 1x 2x

5

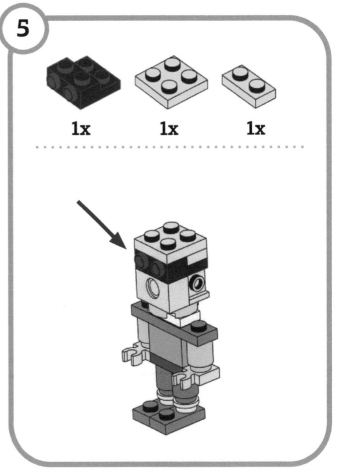

1x 1x 1x

6

1x   **1x**   **2x**

7

2x   **1x**

8

2x   **2x**   **1x**

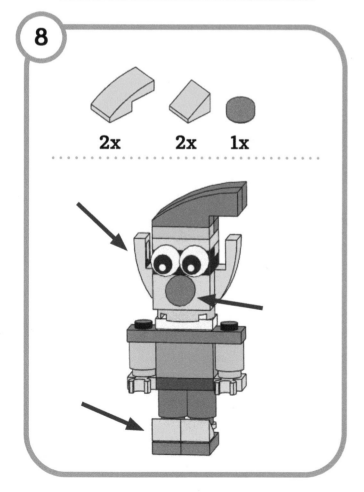

Build a Toy Machine

1x   1x

2x   4x   1x   3x   4x

2x   2x   1x   1x   4x

2x   1x   1x

2x   2x   1x   1x

2x   2x   1x

       3x

2x   2x   1x   4x   2x

1x   4x   3x   2x

1

4x   2x

9

1x   1x   1x   4x   1x

10

3x   2x

11

4x

12

2x   2x

Build Reindeer

2x

4x

2x

8x

4x

2x

4x

2x

8x

1x

2x

2x

4x

1

8x   8x

2

4x   4x

3

2x   2x   1x

4

4x   2x   2x

5

2x   2x   4x

Build a Sleigh

2x	1x	2x	2x
1x		4x	
2x	1x	1x	2x
4x	2x	2x	1x
6x		1x	
1x	1x	4x	
		1x	2x

1

2x

4x

2x

2

1x **4x** **2x**

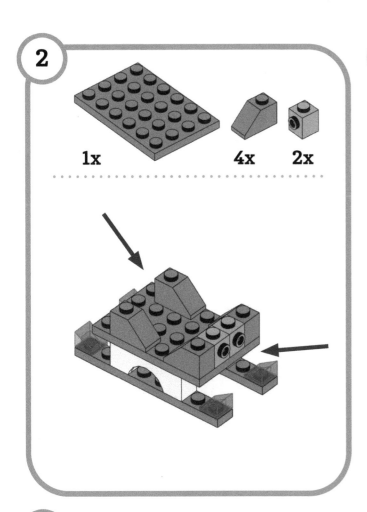

3

2x **1x** **1x**

4

2x **1x**

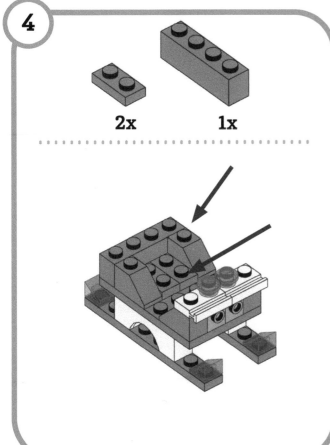

5

1x **1x** **2x**

6

2x   1x   2x   1x

7

4x

8

2x   2x   1x

9

2x

Build Toy Gifts

2x

1x

2x

1x

2x

2x

1x

2x

1x

1x

1x

1x

1x

1x

2x

1x

2x

2x

1x

2x

2x

1x

1x

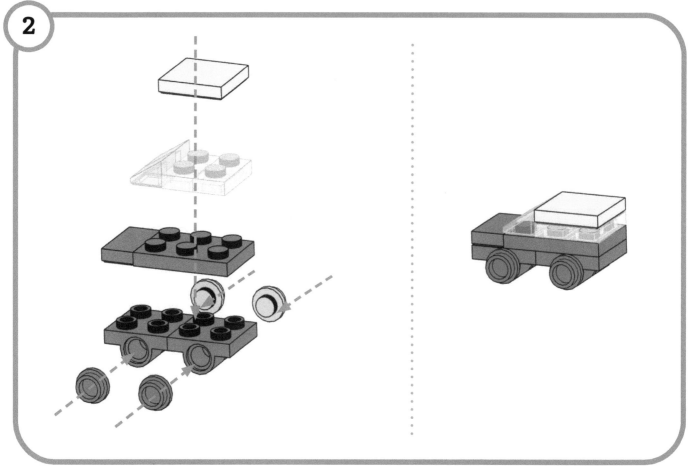

Build a Christmas Tree

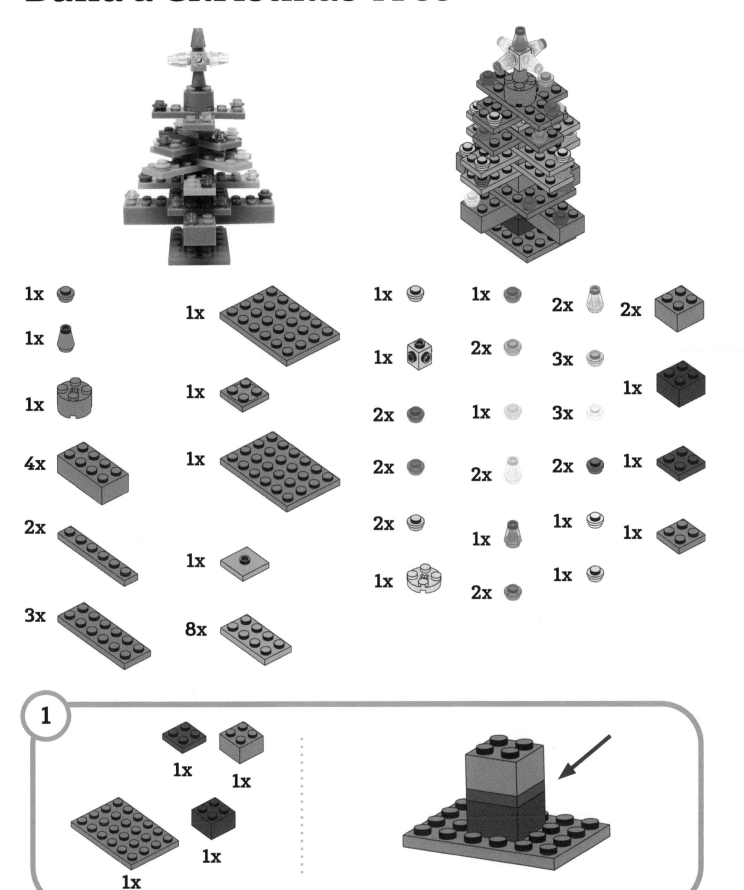

2

1x

1x 1x 2x 1x

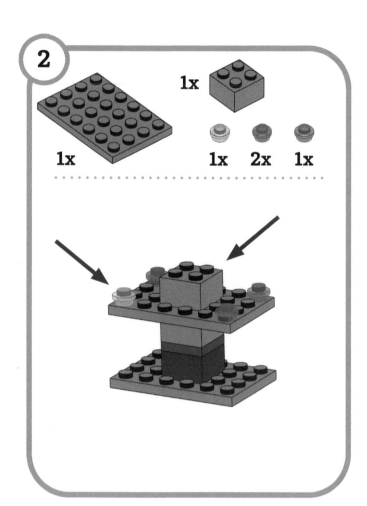

3

1x 1x 1x 1x 4x

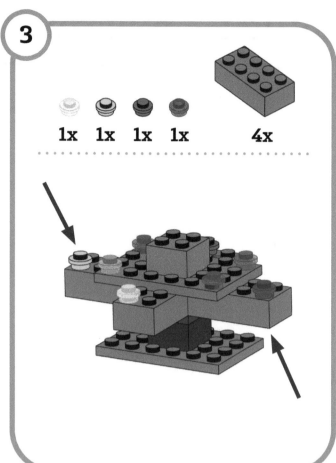

4

1x

4x 1x 1x 1x 1x

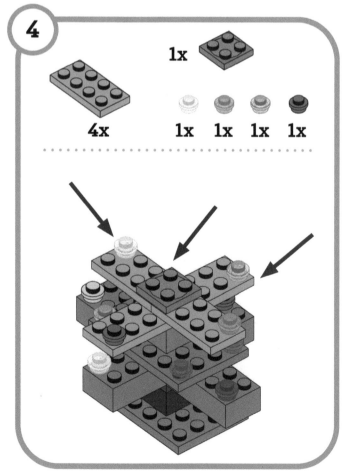

5

1x

1x 1x 1x 1x 4x

Cozy Mantel

Gingerbread House

Santa Claus

Candle

Nutcracker

Rudolph

Candy Cane Stand

Build Santa Claus

1x
4x
2x
2x

1x
4x
2x
2x
1x

1x
1x
4x
2x
1x
1x
2x
2x

2x
2x

1x
1x
4x
2x

1

2x   2x

2

4x

3

2x   2x   1x

4

1x   1x   2x

5

3x   1x   1x

6

1x   2x   2x   2x

7

2x   1x   1x

8

2x   1x   1x

9

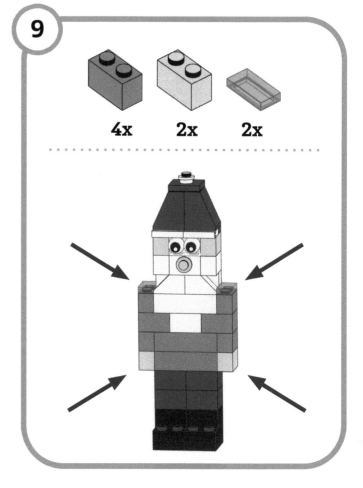

4x   2x   2x

Build a Candle

3x ●

4x ●

1x (arrow plate piece)

3x (ribbed round brick)

4x (round 2x2 brick with hole)

1x (4x4 round plate)

2x ●

4x ●

1x (transparent slope)

1x (transparent 1x1 brick)

1x ●

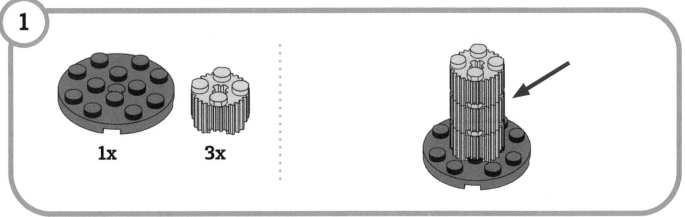

1

1x   3x

2

1x   4x

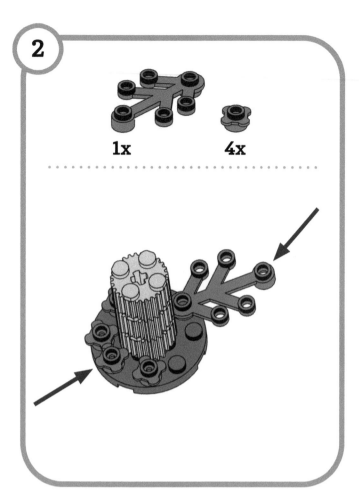

3

3x   4x   1x   2x

4

4x   1x

5

1x

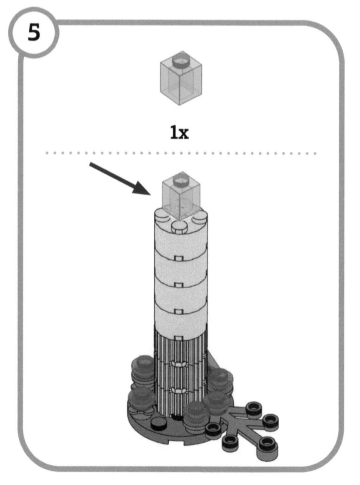

Build a Gingerbread House

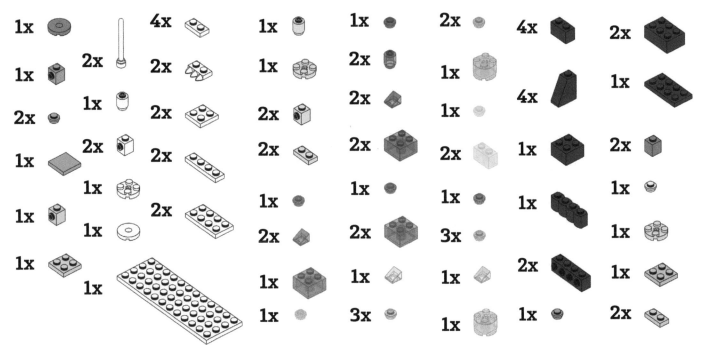

1x 2x 4x 1x 1x 2x 4x 2x
1x 2x 2x 1x 2x 1x 1x
2x 1x 2x 2x 2x 2x 2x 4x 1x
1x 2x 2x 2x 2x 1x 2x
1x 1x 1x 1x 1x 1x 1x
1x 2x 2x 1x 2x 1x 3x 2x 1x
1x 1x 1x 1x 1x 2x 1x
1x 1x 3x 1x 1x 1x 2x

1

2x

1x

2x 2x

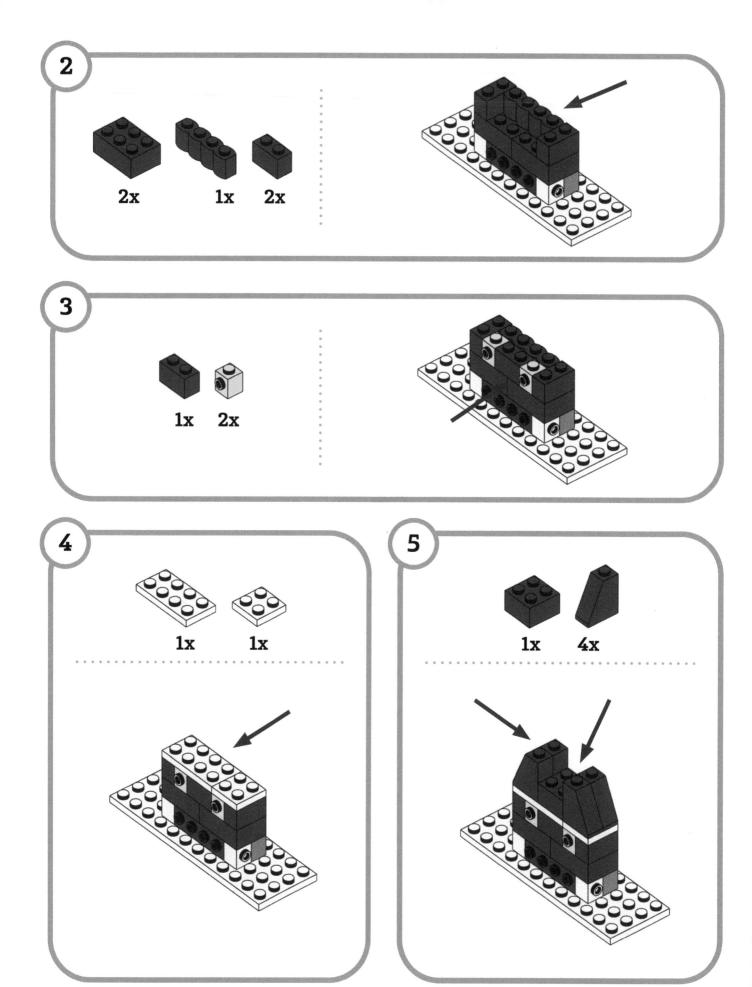

2

2x   1x   2x

3

1x   2x

4

1x   1x

5

1x   4x

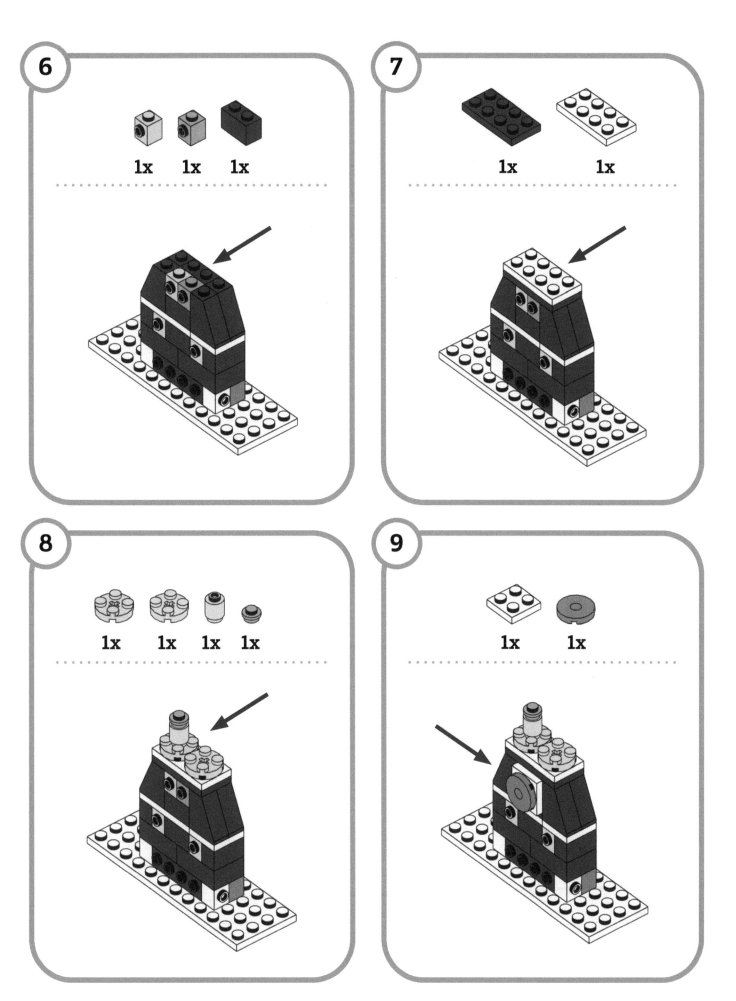

6

1x   1x   1x

7

1x   1x

8

1x   1x   1x   1x

9

1x   1x

10

1x 1x 1x 1x 2x 1x 1x

11

1x 2x 1x 1x 1x 1x

12

2x 1x 1x 1x 1x

13

1x 1x 2x 2x 1x 1x

14

1x 1x 1x 1x

15

1x 1x 1x

16

1x 1x 1x 1x

1x 1x 2x 2x

17

1x 2x 1x

1x 2x 1x

Build a Nutcracker

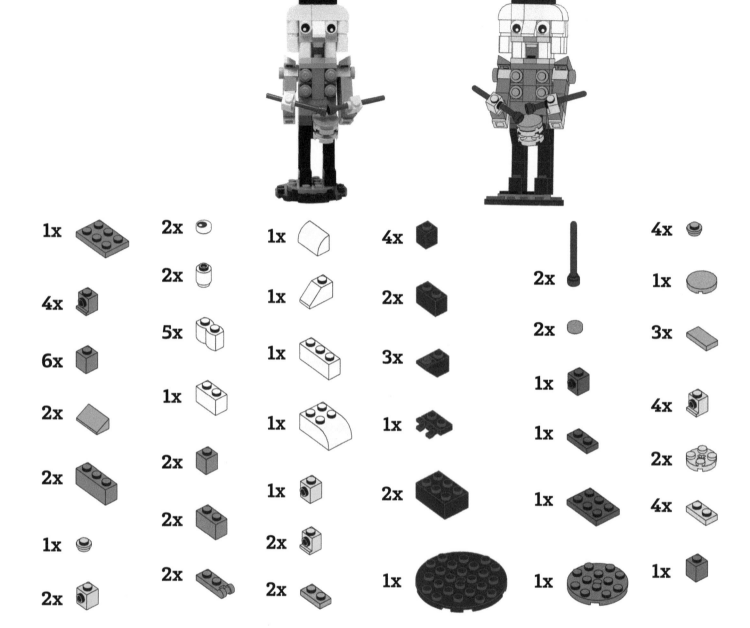

1x · 2x · 1x · 4x · 2x · 1x · 4x

4x · 2x · 1x · 2x · 2x · 3x · 1x

6x · 5x · 1x · 3x · 2x · 1x · 3x

2x · 1x · 1x · 1x · 1x · 4x

2x · 2x · 2x · 2x · 1x · 2x · 2x

1x · 2x · 1x · 2x

2x · 2x · 2x · 1x · 1x · 1x

1

1x   2x   1x

2 2x 2x

3 4x 4x

4 1x 1x 2x

5 1x 2x 1x

10

2x   3x

11

2x 2x

12

3x   4x

13

2x   1x   1x

14

1x 1x

15

1x 1x

16

2x 2x 2x

17

2x 2x 2x

18

2x   2x

19

2x

20

2x

43

Build Rudolph

1x   1x   8x   3x

1x   1x   2x   1x

4x   1x

1x   2x   4x   1x

2x   1x   4x   2x

2x   4x

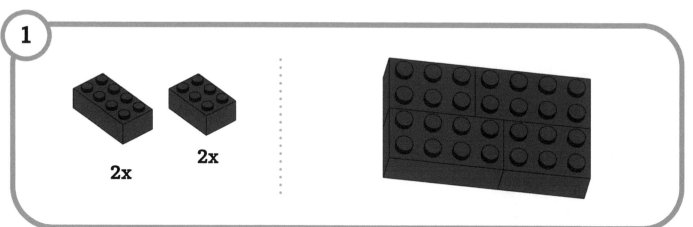

1

2x   2x

44

2

1x

3

2x   4x

4

8x 4x 1x

5

2x   1x

6

1x 1x

7

1x 1x 1x

8

2x 2x

9

2x 1x 1x

10

2x

11

4x

12

1x

Build a Candy Cane Stand

4x ▪
1x ▬
2x ◞
2x ▪

1x ▪
2x ⌐
10x ⬤

1x ⬤
1x ○
2x ⬤
1x ⬤
2x ⬤

1x ○
4x ◗
5x ▪
2x ◢
1x ▭

1x ▬
5x ▪
1x ▬
2x ◢
2x ◿
1x ▱

1

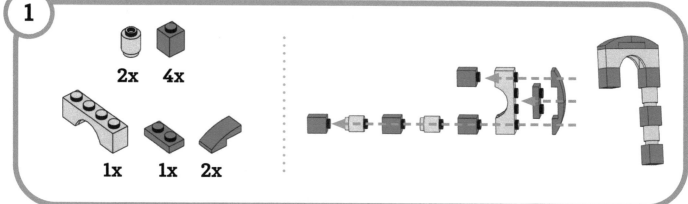

2x   4x

1x   1x   2x

2

1x   5x   3x   2x

Winter with Friends

Mail Sled

Standing Dog

Streetlight and Mailbox

Bobsled

Market Stall

Snowman

Build a Snowman

1x   2x

1x   2x   1x

1x   1x   2x   1x

                            1x   1x   1x

2x   1x   1x

                            1x

1   1x

1x   1x

2

2x   1x

3

1x   1x   1x

4

2x   1x

5

1x   2x

53

6

1x **1x** **1x** **1x**

7

1x **1x**

Build a Streetlight and Mailbox

1x   1x   1x   2x

1x   1x   1x   1x

1x   1x   1x   1x

1x   4x   1x

1

1x   2x

1x   1x

2

4x 1x 1x 1x

3

1x 1x

4

1x 1x

5

1x 1x 1x 1x

Build a Mail Sled

1x

1x

1x

1x

1x

1x

3x

2x

1x

1x

1x

1x

1x

1x

1

2x   1x

1x

2

1x 1x 3x

3

1x

1x 1x

1x 1x 1x

4

1x 1x

Build a Standing Dog

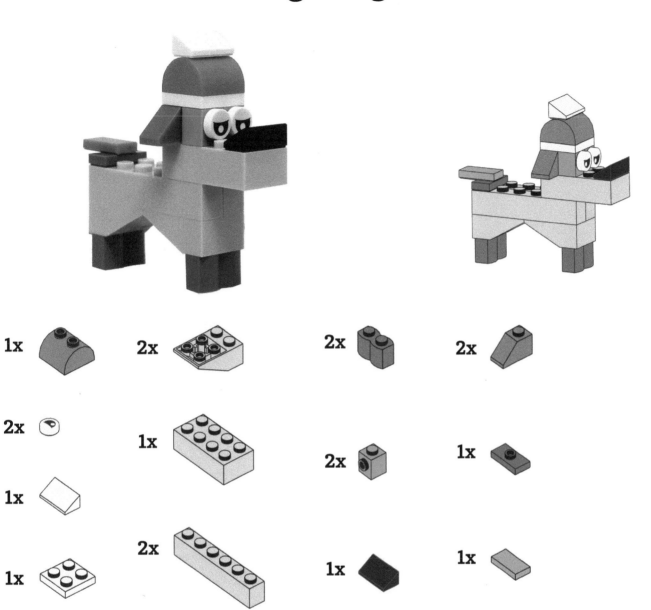

1x 2x 2x 2x

2x

1x

2x 1x

1x

1x 2x 1x 1x

Build a Bobsled

1x

2x

1x

2x

2x

2x

2x

1x

1x

2x

4x

1x

4x

1x

1x

2x

2x

1

1x

1x

2

1x

3

2x 2x

2x

4

2x 1x 1x

5

1x

1x 1x 1x

6

1x   2x   1x

7

4x

8

2x   2x

Build a Market Stall

1x

4x

2x

1x

2x

1x

6x

1x

2x

2x

3x

1x

2x

2x

4x

1x

1x

1x

2x

2x

1x

4x

1x

2x

1x

1x

1x

1

1x

4x   2x

2

1x   2x

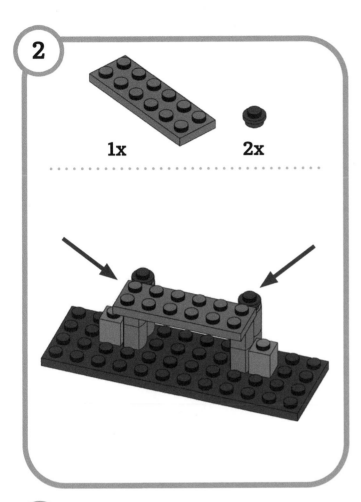

3

4x   1x   1x   1x   1x   1x

4

1x   2x   2x   1x

5

2x   1x

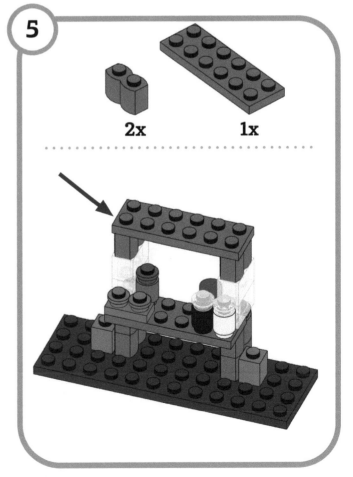

65

6

4x 4x 2x 2x

7

2x

8

1x 3x

9

2x 1x 1x

10

1x

The Night Before Christmas

Small Christmas Tree

Toys Under the Tree

Fireplace with Stockings

Chair and Snacks

Sleeping Dog

Build a Small Christmas Tree

1x

4x

3x

1x

1x

1x

1x

1x

3x

8x

1x

4x

4x

1x

1x

1x

1x

1x

1x

1x

1x

1x

4x

2x

2x

2x

1x

1

1x   1x   1x

2

3x 1x 1x

3

4x

4

4x

5

1x 4x

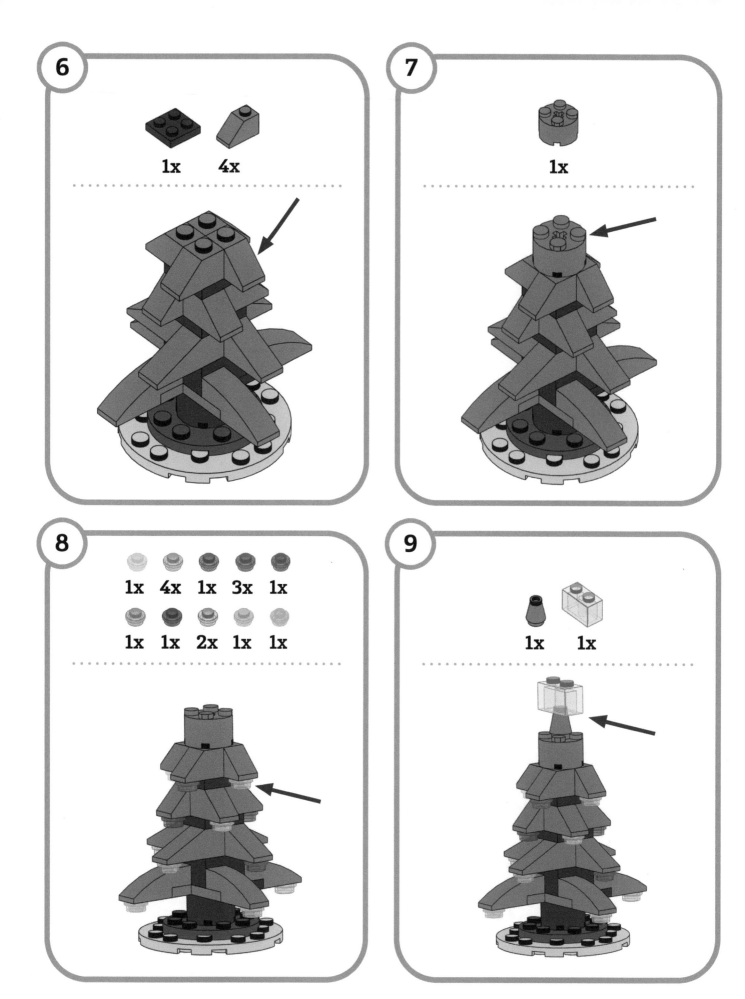

6

1x   4x

7

1x

8

1x   4x   1x   3x   1x
1x   1x   2x   1x   1x

9

1x   1x

Build Gifts Under the Tree

1x

4x

1x

1x

2x

1x

1x

1x

2x

1x

1x

2x

1x

2x

1x

4x

1x

1x

1x

1x

1x

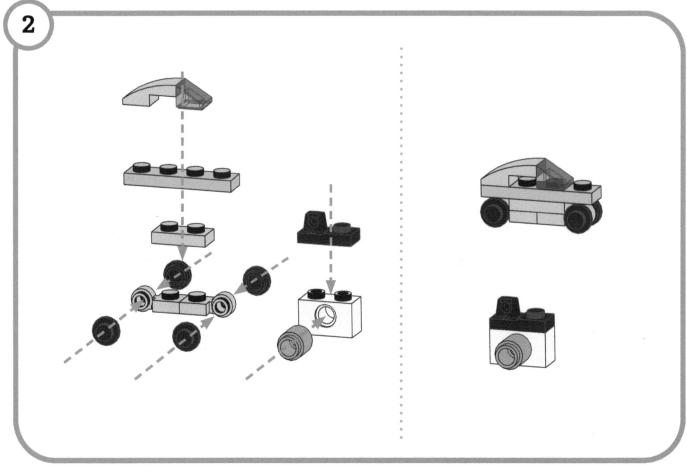

Build a Fireplace with Stockings

1x 1x 2x 1x 2x

1x 2x 1x 2x 2x

1x 1x 2x 4x

2x 2x 1x 2x 4x

1x 1x 2x 4x 1x

1x 4x 8x 2x

1

1x   2x

1x   2x   2x

2

1x **1x** **1x** **2x** **4x**

3

1x **2x**

4

2x **4x**

5

1x **4x**

6

4x **2x** **2x** **2x**

7

2x **2x** **1x** **2x**

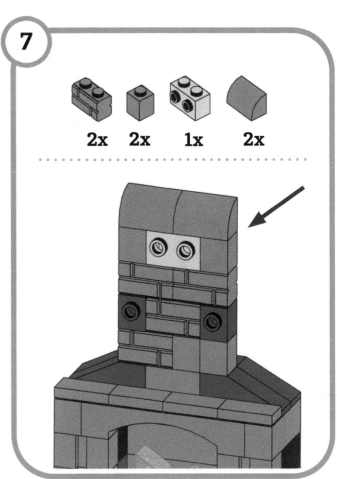

8

1x **1x** **1x** **1x**

9

2x **2x**

Build a Chair and Snacks

2x ◣

2x ▢

3x ◿

2x ◜

3x ▭▭▭▭

3x ▦▦

4x ▣

2x ▭

1x ●

1x ●

1x 🫖

1x ◉

1x ●

1x ●

4x ▣

1x ☕

1x ●

1x ●

2x ●

1x ◉

1x ●

2x ●

1

3x ▦▦

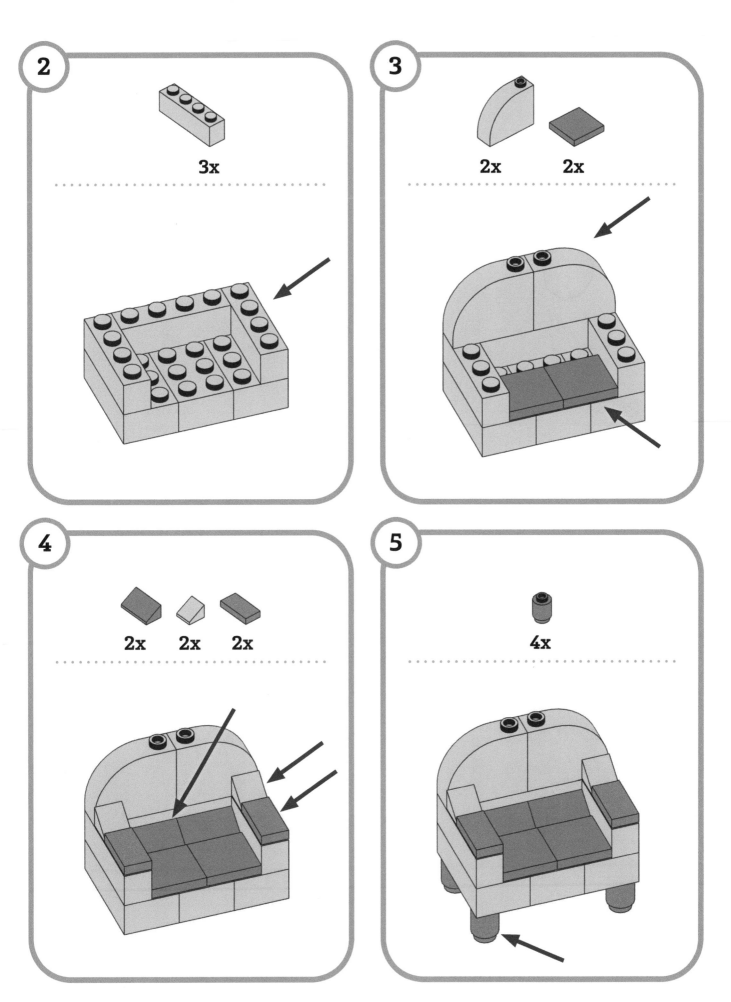

2

3x

3

2x   2x

4

2x   2x   2x

5

4x

6

1x 1x 1x 2x 1x

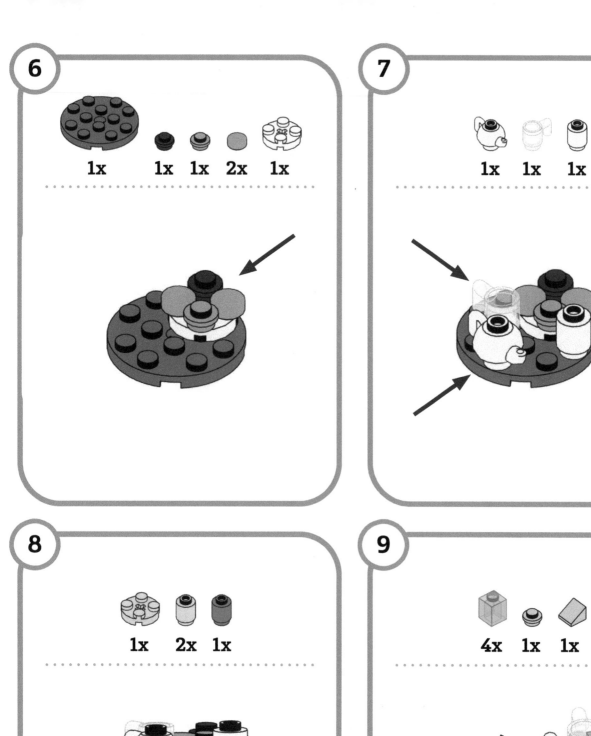

7

1x 1x 1x

8

1x 2x 1x

9

4x 1x 1x

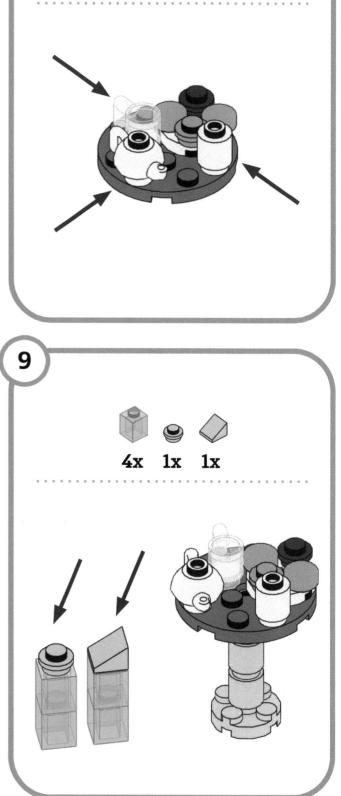

Build a Sleeping Dog

1x

1x

1x

1x

2x

1x

2x

1x

1x

2x

2x

4x

1x

2x

1x

3x

1x

1x

1x

1x

1x

1

1x   4x

6   1x   1x   2x   2x

7   2x   1x

8   1x   1x

9   1x   1x   1x

Library of Congress Control Number: 2021938283
ISBN: 9781513218649 (paperback) | 9781513218632 (hardbound) | 9781513218625 (e-book)

Graphic Arts Books
is an imprint of

WEST MARGIN PRESS

WestMarginPress.com

WEST MARGIN PRESS
Publishing Director: Jennifer Newens
Marketing Manager: Alice Wertheimer
Project Specialist: Micaela Clark
Editor: Olivia Ngai
Design & Production: Rachel Lopez Metzger
Layout by Vicky Shea

Proudly distributed by Ingram Publisher Services.

LSI2021

The following artists hold copyright to their images as indicated: darko m / shutterstock.com;
Quarta/ shutterstock.com; Kaikoro / shutterstock.com; Elvetica / shutterstock.com

The author thanks the LDraw community for the parts database it makes available, which is used for
making instructions found in the book. For more information on LDraw, please visit ldraw.org.

Make sure your Build It! library is complete

 ○ Volume 1

 ○ Volume 2

 ○ Volume 3

 ○ World Landmarks

 ○ Things that Fly

 ○ Things that Go

 ○ Things that Float

 ○ Robots

 ○ Farm Animals

 ○ Dinosaurs

 ○ Trains

 ○ Sea Life

 ○ Monsters

 ○ Wild West

 ○ Medieval World

 ○ Race Cars

Visit WestMarginPress.com for more titles in the series